TRAYECTORIA DE CHOQUE
LOS ASTEROIDES Y LA TIERRA

John Nelson

Traducción al español:
José María Obregón

PowerKiDS press & Editorial Buenas Letras™

New York

Published in 2009 by The Rosen Publishing Group, Inc.
29 East 21st Street, New York, NY 10010

First Edition

Editors: Joanne Randolph and Geeta Sobha
Spanish Edition Editor: Mauricio Velázquez de León
Book Design: Greg Tucker
Illustrations: Dheeraj Verma/Edge Entertainment

Library of Congress Cataloging-in-Publication Data

Library of Congress Cataloging-in-Publication Data

Nelson, John, 1960-
  [Collision course. Spanish]
  Trayectoría de choque : los asteroides y la tierra / John Nelson ; traducción al español, José María Obregón.
       p. cm. – (Historietas juveniles. Peligros del medio ambiente)
  Includes bibliographical references and index.
  ISBN 978-1-4358-8477-9 (library binding) – ISBN 978-1-4358-8478-6 (pbk.) –
  ISBN 978-1-4358-8479-3 (6-pack)
  1. Asteroids–Collisions with Earth–Environmental aspects–Juvenile literature. 2. Environmental disasters–Juvenile literature. I. Title.
  QB377.N4518 2009
  523.44–dc22
                                                          2009003495

Manufactured in the United States of America

CONTENIDO

INTRODUCCIÓN

Los asteroides son objetos en el espacio formados principalmente roca. Si un asteroide de gran tamaño chocara con la Tierra podría causar un gran daño y alterar la vida en nuestro planeta. El cráter de Chicxulub, en México, fue creado por el **impacto** de un asteroide hace 65 milliones de años. Se cree que este impacto ayudó a la extinción de los dinosaurios.

Aunque las posibilidades de que un asteroide de ese tamaño impacte la tierra son muy remotas, los astrónomos estudian cuidadosamente la actividad de los asteroides. ¿Estamos en una trayectoria de choque? Sigue leyendo para saber la respuesta.

TRAYECTORIA DE CHOQUE
LOS ASTEROIDES Y LA TIERRA

UN ENORME OBJETO VIAJA A GRAN VELOCIDAD POR EL ESPACIO. AVANZA A MÁS DE 50,000 MILLAS POR HORA (80,465 KM/H).

EN SU CAMINO SE ENCUENTRA EL **PLANETA** TIERRA, HOGAR DE MÁS DE SEIS MIL MILLONES DE PERSONAS.

¿QUÉ PASARÍA SI UN ASTEROIDE GIGANTE SE ESTRELLARA EN LA TIERRA? ¿ACABARÍA CON LA VIDA EN CONTINENTES ENTEROS? ¿CUÁNTAS PERSONAS MORIRÍAN?

LAS POSIBILIDADES DE QUE UN ASTEROIDE CHOQUE CON NUESTRO PLANETA SON REALES. PODRÍA OCURRIR EN CUALQUIER MOMENTO. . .

LOS ASTEROIDES SON ROCAS ESPACIALES QUE **GIRAN** ALREDEDOR DEL SOL. LOS PLANETAS Y SUS SATÉLITES TAMBIÉN GIRAN ALREDEDOR DE SOL.

LA **GRAVEDAD** DEL SOL MANTIENE ESTOS OBJETOS GIRANDO A SU ALREDEDOR EN ÓRBITAS.

MÁS DEL 90 POR CIENTO DE LOS ASTEROIDES DEL **SISTEMA SOLAR** ESTÁ EN EL LLAMADO CINTURÓN DE ASTEROIDES, ENTRE LAS ÓRBITAS DE JÚPITER Y MARTE.

LOS ASTEROIDES ESTÁN FORMADOS POR ROCAS Y METALES. LOS ASTEROIDES PUEDEN SER TAN PEQUEÑOS COMO UNA PIEDRECITA, O MUCHO MÁS GRANDES.

EL ASTEROIDE MÁS GRANDE QUE CONOCEMOS ES CERES. CERES ES TAN GRANDE COMO EL ESTADO DE TEXAS Y TIENE UNA MARCA QUE PUEDE HABER SIDO CAUSADA AL CHOCAR CON OTRO ASTEROIDE.

LOS CIENTIFICOS SABEN QUE, EN EL PASADO, LOS ASTEROIDES HAN CHOCADO CON LA TIERRA.

LO QUE NO SABEN ES CUANDO CHOCARÁ EL SIGUIENTE ASTEROIDE . . .

. . . Y CUALES SERÍAN LAS CONSECUENCIAS.

SEDE DE LAS NACIONES UNIDAS EN NUEVA YORK. UN GRUPO DE LÍDERES Y CIENTÍFICOS SE REÚNEN PARA ANALIZAR EL PROBLEMA.

. . . LA PREGUNTA NO ES SI OCURRIRÁ. LA PREGUNTA ES CUÁNDO.

Y COMO VERÁN EN LAS SIGUIENTES IMÁGENES, EL PELIGRO ES DEMASIADO GRANDE PARA IGNORARLO.

ALGUNOS DE USTEDES PODRÁN PENSAR QUE ESTAS IMÁGENES SON MERO ENTRETENIMIENTO. . .

. . . PERO LA POSIBILIDAD DE LA DESTRUCCIÓN DE LA TIERRA POR EL CHOQUE DE UN ASTEROIDE DEBE SER TOMADA EN SERIO.

"HACE MÁS DE 65 MILLONES DE AÑOS, UN ASTEROIDE DEL TAMAÑO DE UNA MONTAÑA SE ESTRELLÓ EN LA COSTA DE LO QUE HOY ES MÉXICO".

"MUCHOS CIENTÍFICOS, INCLUSO MUCHOS QUE ESTÁN AQUÍ EL DÍA DE HOY CREEN QUE LOS EFECTOS DEL **IMPACTO** MATARON A LOS DINOSAURIOS".

"EN 1947, UN ASTEROIDE EXPLOTÓ ANTES DE ESTRELLARSE EN SIBERIA, RUSIA. LA EXPLOSIÓN DESTROZÓ ÁRBOLES A 18 MILLAS (29 KM) A LA REDONDA.

MILES DE VENADOS MURIERON. ¡LA EXPLOSIÓN SE ESCUCHÓ A 700 MILLAS (1,127 KM) DE DISTANCIA!".

POR FAVOR, SR. SECRETARIO, ¿QUÉ TANTA FUERZA SE NECESITA PARA MATAR UNOS CUANTOS VENADOS?

EL ASTEROIDE QUE BORRÓ A LOS DINOSAURIOS DE LA TIERRA TENÍA LA FUERZA DE CUATRO MILLONES DE **BOMBAS NUCLEARES.**

NO SÓLO ESTAMOS HABLANDO DE VENADOS , MS. CHEN.

LOS CIENTÍFICOS CREEN QUE SI UN ASTEROIDE SE DIRIGIERA A LA TIERRA HABRÍA TRES **ESCENARIOS** POSIBLES.

EN EL PRIMERO, EL ASTEROIDE ES DETECTADO A TIEMPO Y LOS CIENTÍFICOS LOGRAN CAMBIAR SU RUTA.

"EL SEGUNDO ESCENARIO NO ES TAN POSITIVO. EN ESTE CASO, EL ASTEROIDE NO LOGRA SER **DETECTADO** A TIEMPO Y NO PUEDE SER DETENIDO".

"EL TERCER ESCENARIO ES EL MÁS PREOCUPANTE. EN ÉSTE, EL ASTEROIDE SE IMPACTA EN LA TIERRA SIN AVISO".

"EN LOS DOS ÚLTIMOS ESCENARIOS NO TENDRÍAMOS LA OPORTUNIDAD DE PREPARARNOS. EL NÚMERO DE MUERTES Y LA DESTRUCCIÓN SERÍAN INIMAGINABLES".

MUY BIEN, SR. SECRETARIO...

...PERO, ¿ACASO LAS CAPAS PROTECTORAS DE LA ATMÓSFERA NO QUEMARÍAN EL ASTEROIDE?

Y DE NO HACERLO, CUÁLES SON LAS POSIBILIDADES DE QUE EL ASTEROIDE CAIGA SIN PROBLEMAS EN EL OCÉANO. DESPUÉS DE TODO, EL 70% DE LA TIERRA ES AGUA.

ANITA CHEN

NO, SRTA. CHEN. USTED NO ENTIENDE.

"SI UN ASTEROIDE DEL TAMAÑO DEL QUE ESTAMOS HABLANDO CAYERA EN EL MAR, EL AGUA SE CALENTARÍA DE INMEDIATO A 100,000° F (55,538° C)".

"LA VIDA MARINA, EN EL PUNTO DE IMPACTO SERÍA DESTRUIDA EN CUESTIÓN DE SEGUNDOS".

"EN SEGUNDOS, EL PLANETA ENTERO TEMBLARÍA".

"UNA MEZCLA DE AGUA, PEDAZOS DE ASTEROIDES Y ROCAS DEL FONDO DEL OCÉANO SE DISPARARÍAN DESDE EL PUNTO DE IMPACTO A 25,000 MILLAS POR HORA (40,234 KM/H)".

"EL VAPOR Y LA ROCA DERRETIDA FORMARÍA UNA BOLA DE FUEGO INMENSA. ÉSTA SE DISPARARÍA HASTA A 1,000 MILLAS (1,609 KM) DEL PUNTO DE IMPACTO, DERRITIENDO TODO LO QUE SE TOPARA EN SU CAMINO."

"POCO DESPUÉS, COMENZARÍA EL VERDADERO HORROR".

"EL AIRE SE CALENTARÍA A UNOS 3,000° F (1,649° C), CREANDO VIENTOS TAN FUERTES COMO HURACANES. DURANTE 20 HORAS, LA TIERRA SERÍA **AZOTADA** POR ESTOS VIENTOS."

"EL IMPACTO ADEMÁS CAUSARÍA *TSUNAMIS* TAN ALTOS COMO MONTAÑAS."

"MUCHOS ELEMENTOS DE NUESTRA SOCIEDAD SERÍAN DESTRUIDOS".

"EL HOLLÍN DE ESTOS FUEGOS SUBIRÁ AL CIELO, CREANDO NUBES DE *SMOG* DE 17 MILLAS (27 KM) DE ESPESOR".

"EL SMOG SE MEZCLARÍA CON EL AIRE Y EN 24 HORAS CUBRIRÍA LA TIERRA ENTERA".

"EL SMOG DURARÁ MESES, O AÑOS. SIN LOS RAYOS DEL SOL, LA MAYORÍA DE LA VIDA EN LA TIERRA DEJARÍA DE EXISTIR. EL AIRE Y EL AGUA SE CONVERTIRÁN EN VENENOS".

"COMENZARÁ A LLOVER, PERO SERÁ UNA LLUVIA TÓXICA QUE DESTRUIRÁ TODA FORMA DE VIDA EN LA TIERRA".

"LA LLUVIA LLEVARÁ LOS VENENOS DE LAS ROCAS Y LA TIERRA HACIA LOS RÍOS Y LAGOS, ACABANDO CON TODO LO QUE QUEDARA CON VIDA EN EL AGUA".

"SIN LOS RAYOS DEL SOL, LA TIERRA SE ENFRIARÍA. EN SÓLO 10 DÍAS, EL PLANETA EXPERIMENTARÍA TEMPERATURAS MÁS FRÍAS QUE LAS DE LOS INVIERNOS EN EL CÍRCULO POLAR ÁRTICO".

"LAS POCAS CRIATURAS QUE HABRÍAN SOBREVIVIDO DEBERÍAN ADAPTARSE A ESTAS CONDICIONES SIN ALIMENTOS. TODO LO DEMÁS MORIRÍA O SE CONGELARÍA".

"EVENTUALMENTE EL SMOG SE ACLARARÁ Y LA LUZ DE SOL REGRESARÁ A LA TIERRA".

"ENTONCES, LA ATMÓSFERA ATRAPARÁ EL CALOR DEL SOL EN LUGAR DE DEJARLO SALIR. EL INVIERNO GLACIAL SE CONVERTIRÁ EN UNA ONDA DE CALOR EN TODO EL PLANETA".

"ESTO DURARÍA MILLONES DE AÑOS".

"LA VIDA QUE APARECERÍA TRAS ESTOS EVENTOS SERÍA MUY DIFERENTE A LA QUE CONOCEMOS ACTUALMENTE".

"UNA OPCIÓN ES ENVIAR UN COHETE CON UNA BOMBA NUCLEAR HACIA EL ASTEROIDE".

"LA IDEA ES QUE LA BOMBA DESTRUYA EL ASTEROIDE EN MILLONES DE PIEZAS PEQUEÑAS".

"Y SI EL ASTEROIDE ES MUY GRANDE, LA BOMBA LO PODRÍA DESVIAR DE SU ÓRBITA PARA QUE NO LLEGARA A LA TIERRA".

"OTRA OPCIÓN ES ENVIAR UNA NAVE ESPACIAL AL ASTEROIDE Y PONER GRANDES COHETES EN ÉL".

"CUANDO LOS COHETES ESTUVIERAN LISTOS . . .

. . . SE ENCENDERÍAN PARA CONDUCIR AL ASTEROIDE FUERA DE SU RUTA DE CHOQUE CON LA TIERRA".

"OTRA MANERA DE PROTEGERNOS ES USAR LOS OBSERVATORIOS PARA DETECTAR LOS ASTEROIDES EN EL ESPACIO".

"SI LOS CIENTÍFICOS OBSERVAN EL ESPACIO, TENDREMOS MENOS POSIBILIDADES DE SER SORPRENDIDOS POR UN ASTEROIDE".

"LOS ASTRÓNOMOS NO PROFESIONALES TAMBIÉN JUEGAN UN PAPEL IMPORTANTE AL OBSERVAR EL CIELO Y PUEDEN REPORTAR SUS HALLAZGOS A LAS AGENCIAS ESPACIALES DEL GOBIERNO".

DATOS SOBRE LOS ASTEROIDES

1. Ceres, el primer asteroide registrado, fue descubierto por Giuseppe Piazzi en enero de 1801.

2. El tamaño de los asteroides varía, desde pequeñas partículas de polvo hasta grandes cuerpos rocosos de más de 600 millas (966 km) de diámetro.

3. A los asteroides que orbitan cerca de la tierra se les llama NEOs por sus siglas en inglés (Near-Earth Objects).

4. Algunos asteroides tienen lunas propias.

5. A los asteroides se les conoce también como planetas menores.

6. La nave NEAR Shoemaker fue la primera misión espacial en aterrizar en un asteroide. La nave voló alrededor del asteroide Eros por un año, y aterrizó en febrero de 2001.

7. En septiembre de 2007, la Administración Nacional de Aeronáutica y del Espacio, o NASA por sus siglas en inglés, lanzó la nave espacial Dawn para estudiar los asteroides Ceres y Vesta.

8. Los asteroides no son esferas, como los planetas, porque no tienen suficiente fuerza de gravedad para tomar esa forma.

GLOSARIO

AZOTAR Causar efectos muy negativos.

BOMBAS NUCLEARES (las) Armamento explosivo que usa la energía del núcleo, o centro, del átomo.

DETECTAR Encontrar o descubrir.

ESCENARIOS (los) Posibilidades.

GIRAR Mover alrededor o en círculos.

GRAVEDAD (la) La fuerza natural que hace que los objetos se muevan hacia el centro de un planeta, como la Tierra.

IMPACTO (el) Dos o más objetos que chocan.

ÓRBITAS (las) Rutas circulares.

PLANETA (el) Objeto de gran tamaño, como la Tierra, que gira alrededor del Sol.

SISTEMA SOLAR (el) Un grupo de planetas que gira alrededor del sol.

SMOG (el) Nubes de contaminación en el aire.

TSUNAMIS (los) Olas de grandes dimensiones originadas por un temblor.

ÍNDICE

PÁGINAS EN INTERNET

Debido a los cambios en los enlaces de Internet, PowerKids Press mantiene una lista de sitios en la red relacionados con el tema de este libro. Esta lista se actualiza regularmente y puede ser consultada en el siguiente enlace:

www.powerkidslinks.com/ged/asteroid/